BATAILLE

DE

LA BROSSINIÈRE

Extrait de la Revue historique et archéologique du Maine.

Tome I., N° 1. — 1876.

UN EPISODE

DE LA

GUERRE DES ANGLAIS DANS LE MAINE

LA

BATAILLE DE LA BROSSINIÈRE

Septembre 1423.

Par Jules LE FIZELIER.

MAMERS

IMPRIMERIE G. FLEURY & A. DANGIN

1876.

UN EPISODE

DE LA

GUERRE DES ANGLAIS DANS LE MAINE

LA

BATAILLE DE LA BROSSINIÈRE

Septembre 1423 (1).

L'avénement du jeune roi Charles VII (octobre 1422), avait réconforté les cœurs et relevé les courages. Dans le Maine, nos vaillants champions recommencent gaiement la lutte (2).

Le premier combat ne fut pas heureux (novembre 1422). Ambroise de Loré, Jehan du Bellay et quelques autres veulent reprendre Fresnay-le-Vicomte, par un de ces coups de surprise si communs à cette époque. Mais ils ne savent pas dissimuler leur marche. En arrivant sous les murs de Fresnay ils voient que la place est bien gardée, et n'ayant ni le pouvoir, ni le désir de faire un siége, ils sont obligés de se retirer dans leurs cantonnements, de Loré au château de Sainte-Suzanne et du Bellay au Mans.

(1) Fragment d'un ouvrage inédit : *Etudes et Récits sur l'histoire de Laval et du Bas-Maine*. Reproduction interdite.

(2) *Chronique latine de Jehan Chartier*, mss. nº 5959 de l'ancien fonds de la Bibliothèque nationale, et les *Chroniques* de J. Chartier, données par M. Vallet de Viriville, édition Elzévirienne. 3 vol. in-16. 1858.

Malheureusement, ce dernier, séparé de son compagnon, fut atteint par l'Anglais Kirkeby (1), maréchal de Fresnay, qui le poursuivait. Le combat fut offert et accepté. Des deux côtés il y eut de « grandes vaillances ». Kirkeby et ses gens d'armes avaient mis pied à terre, s'étaient appuyés à une de ces fortes haies qui, dans le Maine, servent de clôture aux héritages, et avaient défendu leur front avec une ligne de *paulx* pointus et ferrés qu'ils portaient avec eux. On dit aussi que leurs archers avaient reçu l'ordre de tirer aux chevaux, ce qui, à cette époque, était regardé comme contraire aux lois de la chevalerie.

Les Français ne purent rompre la bataille des Anglais. Leurs chevaux, blessés par les paulx et les traits des arbalétriers, se renversèrent sur leurs cavaliers et mirent le désordre dans les rangs. Les Anglais restèrent vainqueurs et ramenèrent leurs prisonniers à Fresnay-le-Vicomte. Jean du Bellay, à grand peine, échappa avec quelques cavaliers (2).

Ce fut, dans le Maine, le dernier combat de l'année 1422. Pendant l'hiver on suspendait les hostilités : on se reposait ; on réparait les armes ; on ramassait l'argent des rançons ; mais le printemps venu les chevauchées recommencent.

L'Angevin Garin de Fontaine, en battant les champs, rencontre une troupe d'Anglais à Neuville-Lalais, près de Conlie. Après une belle résistance, les Anglais sont déconfits. Cent cinquante environ restent sur la place, morts, navrés ou prisonniers des Français. Le lieu du combat a gardé le nom de *Cimetière aux Anglais*.

Ce fut la dernière action de Garin de Fontaine. Il fut tué à quelque temps de là devant Cravant, dans cette funeste

(1) *La Chronique de la Pucelle* de Cousinot l'appelle Guillaume Kiriel.
(2) Monstrelet. — Jehan Chartier. — Bourdigné. — *Chron. de la Pucelle.*

journée où tant de braves périrent, où Jehan du Bellay, Xaintrailles et plus de quarante gentilshommes furent faits prisonniers et où Robert de Loré (1) et quelques autres capitaines à la solde du roi de France donnèrent si lâchement le signal de la retraite, s'enfuyant, au milieu du combat, avec les routiers qu'ils commandaient et « laissant les vaillants mourir (2) ».

Mais une grande victoire devait bientôt consoler les Français de ce désastre, et Ambroise de Loré allait y venger l'honneur de son nom.

Vers la fin de l'été 1423, lord William Pole, frère du comte de Suffolk, celui que les annalistes appellent *La Poule*, prépara une de ces grandes expéditions militaires qui de Normandie s'abattaient chaque année sur notre malheureux pays et étaient la terreur et la ruine de nos campagnes. Il entraîna les capitaines et les garnisons anglaises des villes et châteaux de la Basse-Normandie, environ deux mille hommes et cinq à six cents archers, descendit dans le Maine, le traversa en le pillant, et poussa ses pilleries et ses courses jusqu'à Ségré qu'il prit et rançonna (3).

La belle-mère du roi Charles VII, la reine Yolande, qui était à Angers, s'empresse d'en mander la nouvelle à Ambroise

(1) Cousin d'Ambroise de Loré, de la branche des Loré de Fresnay, du Bourgneuf-la-Forêt. C'était un capitaine d'aventure à la solde de Tanneguy du Châtel et ensuite de Charles VII ; il fut l'un des auteurs du meurtre de Montereau.

(2) Le héraut Berry, dans Denis Godefroy. — Chroniques de J. Raoulet et de J. Chartier. Ils portent à 2,000 le nombre des morts dans cette journée.

(3) Barthélemy Roger. *Hist. d'Anjou.* — *La Geste des Nobles,* ch. 204, la *Chronique de la Pucelle,* ch. V. dans la chronique de Cousinot, donnée par Vallet de Viriville. Paris, in-16, 1869.

de Loré, au château de Sainte-Suzanne ; elle lui fait savoir que les Anglais se préparent à regagner la Normandie et qu'ils emmènent avec eux un immense butin, notamment douze cents bœufs ou vaches enlevés aux pâturages de l'Anjou (1).

Ambroise de Loré ne doute pas qu'il n'y ait là un beau coup à faire ; il en avertit le comte d'Aumale, Jean de Harcourt, qui se tenait à Tours, où il gouvernait, pour le roi, les pays d'Anjou, du Maine et de la Touraine. Précisément, le comte ramassait en ce moment une grande assemblée de gens pour une entreprise qu'il méditait sur la Normandie. Il envoie des chevaucheurs de toutes parts « pour faire tirer ses hommes d'armes ensemble ». Lui-même quitte hâtivement Tours avec quelques troupes et arrive à Laval où rendez - vous était donné. Toute une brillante noblesse angevine vient l'y rejoindre : ce sont les seigneurs d'Aussigny, des Barres, de Chambellay, de Daillon, de Mirmande, de Charnacé, de la Grandière, de la Roche-Couasnon, de Carquenon, de Chanzé, de Bouillé, de Daon, etc. (2) ; là, se trouvent avec les Angevins, nos plus intrépides capitaines Manceaux et Normands : Jacques de Montenay, Pierre Le Porc, seigneur de Larchamp, Louis de Tremigon, seigneur du Tertre (3), Ambroise de Loré, Pierre d'Alençon, ce brillant bâtard qui a juré de venger la mort de son père tué à Azincourt en ne faisant jamais de quartier aux Anglais et enfin Jean de la Haye, baron de Coulonges, vaillant chevalier, qui arrive de Mayenne « avec une belle et gente compaignée ». Malheureusement, le comte d'Aumale ne voulait pas voir Coulonges et était en grande indignation contre lui, pour quelques

(1) Jehan Chartier, *Chroniq. de Charles VII.* T. 1. p. 34, dit : « dix à douze mille beufz et vaches ».

(2) B. Roger, *hist. d'Anjou ;* Bourdigné.

(3) Montenay, Larchamp, communes du canton d'Ernée. Le Tertre, dans la commune de Mée, canton de Craon.

désobéissances qu'il avait faites dans son commandement. On essaya de les remettre ; tout fut inutile. Cependant, comme le secours qu'amenait Coulonges n'était point à dédaigner, grâce à l'intervention d'Ambroise de Loré, il fut convenu qu'il prendrait part à l'expédition, mais qu'il ne se présenterait pas au gouverneur et qu'il irait devant avec sa troupe (1).

« Le comte d'Aumale avoit également envoyé à Vitré
« pardevant les dames de Laval, Jehanne et Anne, pour leur
« prier qu'elles lui voulsissent envoyer le plus de gens
« qu'elles pourroient, pour luy ayder, avecques un des fils
« du sire de Laval, à combattre les Anglois. Les bonnes
« dames incontinent, mandèrent le plus secretement qu'elles
« peurent les subjects de leurs terres, ce qu'elles en peurent
« promptement réunir et les envoyèrent au comte d'Aumale
« en la compaignie d'André de Laval, deuxième fils de
« Madame Anne, (celui qui fut depuis sire de Lohéac et
« maréchal de France) et du sire de Montjean, Guy de Laval,
« son oncle à la mode de Bretagne, qu'elles luy baillèrent pour
« le gouverner. Auquel André au département de Vitré, la
« bonne dame Jehanne, qui avait été femme du bon et preux
« chevalier Messire Bertrand du Guesclin, ceignit l'espée du
« Connétable (2) ». Ce jeune seigneur, auquel sa grand'-
mère confiait cette héroïque épée, avait à peine seize ans (3).

(1) Chroniq. de Jeh. Chartier, de Cousinot, etc.

(2) Le Baud. *Hist. de Bretagne.* p. 463.

(3) Maucourt de Bourjoly. Mémoire chronologique des seigneurs de Laval... (1711). *Mss.* de la Biblioth. de Laval. — Chroniq. manuscrite de Parceval de Cagny : « de l'aage de seize ans ou environ ». — Cousinot ne lui donne que douze ans, ainsi que le P. Anselme, qui le fait naître en 1411. Mais, comme son père Guy XIII était parti, dès le commencement de 1413, pour la Palestine, où il mourut, et qu'après son second fils André, il avait encore eu trois autres enfants avant son départ, les naissances de ces trois enfants ne peuvent trouver place entre 1411 et le commencement de 1413. La naissance d'André est donc certainement antérieure à 1411, et il avait plus de douze ans à la bataille de la Brossinière. L'âge de seize ans, donné par Bourjoly et Parceval de Cagny, est bien plus probable.

Son frère aîné, Guy XIV, ne put l'accompagner, se trouvant alors à la cour du duc de Bretagne ; il avait été fiancé, en 1419, à Marguerite, une des filles du duc, et vu le jeune âge des deux époux, on les avait séparés en attendant que le mariage put s'accomplir ; suivant l'usage du temps, Guy demeurait auprès de Jean VI, son beau-père, pendant que sa petite fiancée était confiée aux soins des dames de Laval (1).

Le comte d'Aumale savait que les Anglais, après avoir quitté Ségré, avaient traversé le Craonnais et remontaient vers le Nord, en cotoyant les frontières de Bretagne. Voulant se mettre entre eux et la Normandie où ils retournaient, le comte, avec toute sa troupe, partit de Laval, de grand matin, le samedi 25 septembre, et vint loger à un village nommé le Bourgneuf-la-Forêt. C'est là qu'il fut rejoint par le jeune André de Laval, le sire de Montjean, et les gens des communes qu'ils amenaient avec eux.

La noblesse s'épuisait; l'habitude prenait de convoquer pour les expéditions militaires ces « *gens de commun* » que les chevaliers ne méprisaient plus tant et qui, lorsqu'ils étaient bien conduits, rendaient de grands services comme soldats de pied et comme archers. Chaque paroisse, suivant son importance, en fournissait un certain nombre, et devait aider à leur armement. Ceux qui tiraient l'arc venaient avec l'arc ou l'arbalète, la trousse remplie de scestes (2) et la coustille (3) à la ceinture. Les autres étaient armés de mails de plomb ou plombées, de vouges (4), de haches, etc. Autant que possible, ils se couvraient la tête d'une capeline de fer, le corps et les

(1) Bourjoly. Liv. III. Ch. V et VI.

(2) Scestes, flèches.

(3) Coustille, coutelas.

(4) Vouge, sorte de pique épaisse et coupante d'un côté.

bras d'un jaque ou gambesson garni de laîches (1) ou de chaînes de maille et portaient de longs paniers de bois léger recouverts de peaux, derrière lesquels ils se cachaient lorsqu'ils lançaient leurs flèches et leurs carreaux (2).

Le comte d'Aumale avait envoyé de Laval des coureurs à la rencontre des Anglais, avec l'ordre de les côtoyer, de les surveiller de loin, et de lui donner, d'heure en heure, de leurs nouvelles. Le samedi soir, en arrivant au Bourgneuf, il apprit que l'ennemi approchait. En quittant Ségré les Anglais avaient dû remonter l'Oudon, puis par Pommerieux, Craon, Cossé, Montjean, étaient arrivés au-delà de la Gravelle (3), sans s'arrêter à faire le siège de ces places assez bien défendues, empêtrés d'ailleurs par cet immense butin et ce troupeau de mille à douze cents bœufs qu'ils traînaient après eux. Ils s'étaient logés, pour la nuit, à trois lieues du Bourgneuf, et on dit au comte qu'ils tiraient droit pour aller passer à une lieue de là, à un endroit nommé les landes de la Brossinière.

On tient immédiatement conseil. Le bâtard d'Alençon, le jeune André de Laval, messire Guy son gouverneur, Ambroise de Loré, messire Loys de Trémigon et quelques autres chevaliers et écuyers de marque se réunissent sous la présidence du comte d'Aumale. On ne discute pas longtemps ; après diverses opinions et « imaginations », le plan de bataille est arrêté. Le lendemain matin, au soleil levant, le comte avec toute l'armée se rendra au lieu de la Brossinière. Tous les chevaliers mettront pied à terre et placés en bonne embuscade attendront l'ennemi. De Loré et de

(1) Laîches, lamelles de fer.

(2) C'est D. Lobineau qui nous a conservé ces détails sur l'organisation et l'armement des *gens des communes* de la Bretagne et du Bas-Maine. V. son *hist. de Bretagne,* Preuves. T. 2. p. 999.

(3) Voir la carte de Jaillot.

Trémigon, à cheval, avec cent cinquante lances, iront au devant des Anglais et escarmouchant avec eux, sans toutefois engager l'action, tâcheront de les amener au gros de l'armée française. On leur dit, que s'ils voulaient avoir un troisième capitaine avec eux et quelques cavaliers de plus, ils les prissent. C'était les autoriser à s'adjoindre le baron de Coulonges, dont le comte d'Aumale ne voulait pas même entendre prononcer le nom devant lui. Puis, l'ordonnance ainsi faite, on alla prendre un repos dont on avait besoin.

Le lendemain dimanche, au point du jour, la petite armée française était rendue et mise en bataille sur les landes de la Brossinière, non loin d'un village qui existe encore et qui porte le même nom. Ces landes aujourd'hui cultivées, couvraient alors une vaste étendue de terrain parsemé de bruyères et de taillis, au milieu desquels serpentait, indécise, la route venant de la Gravelle et se dirigeant vers le nord. A l'ouest s'arrondissent les premières collines de la Bretagne couvertes de bois. Au sud le terrain se redresse et forme de légères ondulations et quelques vallées peu profondes dans lesquelles les Français, qui avaient mis pied à terre, pouvaient facilement faire leur embuscade et se dissimuler aux Anglais venant du côté de la Gravelle.

Un brouillard automnal couvrait la campagne. Les Français frissonnants, impatients, attendent l'ennemi qui ne paraît pas. Une heure, deux heures se passent... Rien encore... Enfin, Ambroise de Loré, qui était en avant avec sa cavalerie, aperçoit les coureurs Anglais qui chassaient devant eux les coureurs envoyés par le comte d'Aumale ; il part au galop avec Trémigon, Coulonges et ses cent cinquante cavaliers et se met à escarmoucher si durement contre les Anglais qu'il les force à descendre de cheval à un demi-quart de lieue du village de la Brossinière ; il les presse, les harcèle, les met dans l'impossibilité d'éclairer leur route, et grâce au brouillard, les empêche de voir la bataille du comte d'Aumale, vers laquelle les Anglais avançaient sans s'en douter.

Cependant, lord W. Pole, s'aperçoit qu'il va avoir affaire à forte partie. Déjà, tous ses gens d'armes ont mis pied à terre. Il ordonne de prendre ce formidable ordre de combat qui tant de fois fut fatal à nos armes.

Les Anglais se forment en bataille profonde. Derrière cheminent serrés les uns contre les autres les lourds chariots qui portent les bagages et le riche butin enlevé à Ségré : au centre les chevaux tenus par les écuyers avec les prisonniers et les otages, sur les ailes les archers. Ils avancent en belle ordonnance, en rangs pressés, lentement, pesamment, piquant obliquement en terre leurs *paulx* pointus et ferrés, que, comme le soldat romain, ils portent toujours avec eux : ceux du dernier rang enlevant les pieux placés par ceux du premier, pour repasser devant le premier rang et les replanter à leur tour (1). Herse mobile, vivante et mouvante, hérissée de pointes et de fer, contre laquelle la folle valeur française était venue si souvent se briser.

Malheureusement pour eux, ils sont retardés par cet interminable convoi de bœufs qui marche à leur suite et couvre une étendue d'au moins une lieue de long. Déjà des troupes de ces animaux, irritées, affolées par les coups de lance des cavaliers de Loré et par les flèches des archers des communes, se sont débandées et ont jeté le désordre sur quelques points de la bataille anglaise (2).

(1) V. d'Argentré, *hist. de Bretagne*, p. 254. — « Les Anglois marchoient « fort et *en marchant, ils piquoient devant eux de gros pals qu'ils avoient* « *en grand nombre et portoient avecques eulx (Chroniq. de la Pucelle)*. — « *Et en marchant piquoient iceux Angloys des paux* en grand nombre « *que ils portoient avecques eulx (Chroniq. de Jehan Chartier.)* ».

(2) Tradition locale qui ajoute que les gens des communes avaient

Cependant, elle marchait toujours, lourde, pesante, impénétrable, nos cavaliers se retirant devant elle, la fatiguant toutefois de leurs rudes escarmouches.

Tout à coup, ils se démasquent et laissent apercevoir la bataille du comte d'Aumale. Anglais et Français sont en présence, à distance d'un trait d'arc. A ce moment le soleil commençait à percer la brume matinale et à déchirer le rideau de brouillard étendu sur la lande. C'était merveille à voir luire gaiement aux rayons du soleil les étendards frissonnants, les aciers des armures, les ors et ces éclatantes couleurs des cottes armoriées, des pennons et des lambrequins déchiquetés qui flottent aux cimiers des casques (1). Les ménétriers se mettent à corner et à sonner sur leurs violes les vieux airs populaires (2) ; les seigneurs, comme des fauves, poussent leurs cris de combat.

De Loré, de Coulonges, de Trémigon, à cheval entre les deux batailles, veulent forcer de prime saut le front des Anglais ; mais ils viennent se heurter contre les pieux solidement fichés en terre et contre la froide ténacité de lord William Pole et de ses chevaliers. Les chevaux se cabrent, se renversent avec leurs cavaliers. Mais de Coulonges et de

apporté avec eux un grand nombre de ruches et en avaient chassé les abeilles. Les bœufs piqués, tourmentés par ces belliqueuses et intelligentes *avettes* seraient devenus furieux et auraient jeté la confusion dans les rangs des Anglais. V. *Les Seigneurs de Laval* (par l'abbé Foucault), *Laval*. 1875. p. 208.

(1) L'usage commençait de porter aux cimiers des casques ces longs morceaux d'étoffe découpés et déchiquetés si communs à la fin du XVe siècle. Ainsi une chronique Normande nous apprend qu'en 1428, lorsque de Coulonges fut tué aux grèves du Mont-Saint-Michel , l'Anglais Scales lui enleva les lambrequins ou *floquarts* qui pendaient au cimier de son heaume et les porta désormais au sien , abandonnant sa propre devise pour adopter celle de Coulonges.

(2) Chroniques de Jeh. Chartier, *passim*.

Loré sont là (1) ils ont vite reformé leur attaque ; les
écuyers remettent en selle leurs seigneurs désarçonnés ;
les éperons s'enfoncent dans les flancs des chevaux ;
ils repartent. Au lieu d'attaquer de front, ils font un
détour, tournent la bataille, aperçoivent un point moins
défendu par les pieux et les chariots. Eux et leurs
vaillants, la lance en avant, penchés sur le cou de leurs
montures, y pénètrent comme une tempête, rompent la
ligne anglaise et commencent à mettre le désordre dans les
rangs.

A ce moment, d'Aumale avec ses gens de pied, attaquait
de front la bataille anglaise et partout le combat s'engageait
corps à corps. Ce fut un beau cliquetis que celui de ces
maillets de fer hérissés de pointes, de ces plombées, de ces
haches anglaises frappant et refrappant sur les bassinets et
les armures et menant si haut bruit qu'on eut dit tous les
forgerons du Bas-Maine besognant à la fois sur leurs
enclumes. Les gens des communes ne s'y épargnent pas ;
ils se jettent au milieu de la sanglante poussée ; ils achèvent
les gens d'armes renversés, impuissants à se relever sous
leurs lourdes armures ; leurs vouges, leurs miséricordes
vont chercher le défaut des cuirasses, s'y enfoncent et en
sortent avec de longs jets de sang. « Il y eut très dur estour »
dit Monstrelet et il s'y fit de part et d'autre de grandes
vaillances d'armes. La vieille épée de Du Guesclin fit merveille
dans les jeunes mains d'André de Lohéac, qui près de son
gouverneur ferraillait à plaisir dans la mêlée.

Cependant, les Anglais rompus de toutes parts n'ont plus
d'ordonnance. Ils se laissent acculer à un large fossé et
bientôt leur défaite s'achève.

(1) L'histoire chronologique du règne de Charles VII, donnée par Denis
Godefroy, in-fo p. 370, attribue à Coulonges, seul, le mérite de cette charge
décisive et le gain de la bataille.

Le combat ne fut pas long, mais il fut sanglant. Treize à quatorze cents Anglais restèrent couchés sur le champ de bataille (1). Le héraut Alençon les compta en les faisant enterrer le lendemain, d'après les ordres de la dame de Laval, sur la terre de laquelle s'était livré le combat (2). D'autres périrent dans la déroute, sur la lande, dans les bas chemins, au milieu des champs, tués, assommés, soit par les gens d'armes qui remontant à cheval se jetèrent à leur poursuite, soit par ceux des communes qui, ayant de grandes misères à venger, ne faisaient nul quartier et n'avaient non plus de pitié des Anglais que si ce fussent des chiens.

Le résultat de la victoire était inespéré. L'armée anglaise était détruite. Sauf cent vingt peut-être qui échappèrent, tous furent tués ou faits prisonniers et parmi ces derniers lord William Pole, Thomas Aubourg, Thomas Cliffeton, « et bien trente nobles d'Angleterre » (3). Un immense butin, ainsi que tout le convoi de vaches et de bœufs tomba aux mains des Français. Les prisonniers et les ôtages de Ségré furent délivrés.

Les Français eurent beaucoup de blessés, mais peu de morts : un seul chevalier, messire Jehan Leroux, et cent

(1) « Dont fut sur le champ l'occision nombrée à neuf cents trente-trois Anglais natifs d'Angleterre, qui tous furent mis en une fosse » *(La Geste des Nobles.)*. — « Largement douze cents hommes » *(Monstrelet.)* — « Quatorze à quinze cents mis en terre et de tuez à la chasse de deux à trois cents » *(Chronique de la Pucelle.)*. — *La Chronique de Normandie* va plus loin : « les François qui estoient petite compagnée, par grand hardement se frappèrent parmy Angloys, en faisant merveilleuse occision, tant que l'honneur leur demeura et là moururent de la part des Angloys de *six à sept mille hommes*, sans les prisonniers. De François peu y moururent, mais plusieurs furent navrez ». Le chiffre de six à sept mille est évidemment exagéré.

(2) *Chronique de la Pucelle.*

(3) Le Baud. *Hist. de Bretagne.* — D'Argentré. — La Chroniq. de Charles VII dit Thomas Abouing au lieu de Thomas Aubourg.

vingt environ de ces braves gens des communes qui se firent
tuer dans le combat.

Le comte d'Aumale termina cette brillante journée, comme
il était d'usage, en faisant plusieurs chevaliers sur le champ
même de la bataille. Le jeune André de Laval fut du nombre.
Il s'en était montré digne. Charles Marest, cité par Bourjoly,
veut que ce soit le comte d'Aumale qui, en lui ceignant
l'épée de Du Guesclin, avec laquelle il avait combattu, lui
ait dit les fières paroles que d'autres prêtent à l'aïeule :
« Dieu te fasse aussi vaillant que celui qui la portoit. »

La bataille de la Brossinière eut un grand retentissement ;
c'était, depuis l'avénement de Charles VII , la première
victoire remportée par les Français. Le roi en apprit la
nouvelle le 28 septembre au soir, au château de Loches. Il fut
si enchanté qu'il écrivit de suite au sénéchal et aux habitants
de Lyon, pour leur annoncer la victoire (1), et Guillaume
Charrier, son receveur général des finances, fut autorisé à
donner quatre mille cinquante livres tournois au comte
d'Aumale pour l'aider à la fondation d'une chapelle destinée
à en perpétuer le souvenir (2).

Anne de Laval, reconnaissante envers Dieu de la grande
victoire et de la vaillance de son fils, donna à l'église Saint-
Thugal de Laval, nouvellement érigée, une grande châsse
d'argent où l'on déposa les reliques du saint évêque.

Tous les chroniqueurs du temps ont raconté en dé tailles
péripéties du combat de la Brossinière. Les poëtes aussi
voulurent célébrer ces hauts faits d'armes.

(1) Voir la lettre dans les chroniques de Cousinot données par M. Vallet
de Viriville, pag. 193.

(2) *Hist. de la Maison d'Harcourt*, par de la Roque. 1662. T. 2, p. 496.
— Voy. aussi *Chroniq. de Cousinot*, par Vallet de Viriville, p. 218.

Bourjoly nous a conservé quelques-unes de ces productions locales : ce vers latin, par exemple, dans lequel un pédant de l'époque a trouvé moyen d'introduire un jeu de mots sur lord Pole :

« Anglorum *pullos* contrivit libra Gravella » (1).

Et ces vers populaires :

> Du mois tout le derrain dimaine (2)
> Que vendangeux sont en grant peinne,
> Tu sauras le mois et le jor
> Qu'André de Laval mon seignor
> Fut faict chevallier en bataille
> Et mains Angloys tua sans faille,
> Ès parties de la Brossinière
> Et là déploya sa bannière.

Nous avons voulu visiter les lieux, théâtre de cette glorieuse bataille. La chapelle que le comte d'Aumale devait élever n'a pas été construite ; du moins aujourd'hui il n'en reste plus trace (3). Pas une croix, pas une pierre ne conserve le souvenir du combat. On n'en saurait plus l'emplacement, si une petite lande vierge et inculte, située non loin du village n'avait gardé la forme des longs *tumuli* sous lesquels

(1) Ce que l'on peut traduire : « La Balance (signe zodiacal de septembre) a vu la déroute des *poules* anglaises dans les champs de la Gravelle.

(2) « Dernier dimanche ». *Dimaine*, *diemaine*, formes anciennes du mot dimanche aux XIII⁰ et XIV⁰ siècles. Voy. *Dict. de Littré*. Les manuscrits de Bourjoly portent tous *dimanche* ; mais la rime exige évidemment l'ancienne forme.

(3) A moins qu'il n'y ait quelque vérité cachée sous les légendes que nous débitait une vieille femme, habitante de ce misérable village de la Brossinière : « Notre village, nous disait-elle, était autrefois une ville ; il y avait « bien des maisons; un jour tout s'est *afondré*. » Elle nous montrait un

le héraut Alençon fit déposer côte à côte les vaillants tombés
dans la bataille et où ils dorment depuis quatre cent
cinquante ans. Ces tombelles s'étendent sur trois rangs paral-
lèles, de l'est à l'ouest, sur une longueur de près de cent
cinquante pieds. Le lieu est solitaire et triste ; nul voyageur
ne le vient visiter ; nulle bonne âme n'y vient dire une
prière. Seule, l'insouciante nature recouvre chaque année
ces tombes inconnues d'un nouveau linceul de bruyère. Le
vieux paysan qui nous accompagnait nous dit que cet endroit
s'appelait la *Lande des Caves*.

Au sud de la Lande des Caves et y attenant, il nous montra
de belles pièces de terres cultivées. « Il y a cinquante ou
soixante ans, nous dit-il, c'était encore la lande et on la
nommait dans le pays *La Lande de la Bataille*. Lorsqu'on
la mit en culture, mon père m'a raconté qu'on trouva dans
la terre des morceaux de fer et de vieilles armes » (1).

Encore aujourd'hui, le laboureur en retournant ses
guérets, met quelquefois au jour avec le soc de sa charrue,
des restes d'armures ou des fragments d'épées rongées
par la rouille. Il s'arrête un instant, considère ces débris,
puis indifférent aux souvenirs du passé, les rejette et reprend
son sillon, poussant lentement devant lui ses bœufs fatigués
et les amusant de sa chanson monotone.

Jules LE FIZELIER.

petit pré derrière sa masure : « C'est là qu'était l'église ; dans ma jeunesse
« j'ai encore vu de vieux murs et de gros tas de pierres. » Cette église
détruite serait-elle la chapelle élevée par le comte d'Aumale ? Le village
de la Brossinière existait certainement à l'époque du combat. On y voit
une très vieille maison, dont la porte et les fenêtres présentent les
caractères de l'architecture du XVe siècle.

(1) Voyez *Souvenirs de la Chouannerie*, par M. Duchemin-Descepeaux,
la note à la fin du volume. J'ai vu, chez lui, une vieille épée du XVe siècle,
trouvée dans cette lande de la Brossinière.

9 782013 042130